연못 속 판도라 상자

권옥란 시집

계간문예

| 시인의 말 |

별이 떴다
진다
그리고……

붉고 찬란한 해가 떠오른다

  딸아이가 결혼을 앞에 두고 2021년 새해 해맞이에서 붉게 타오르는 새아침을 보내왔다 고향집 앞마당 오동나무 나이테에 새겨진 그 아이의 꿈이 보랏빛 꽃으로 피어오르길 소망하며 인생을 시작하는 딸에게

  사람을 사랑하는 일은 꽃을 가꾸는 일이며
  주어진 하루하루와 만나는 인연들이 선물임을 말해주고 싶다

2021년 새해에
권옥란

■ 차례

시인의 말 • 4

제1부 시가 된 복숭아

선물 • 11
시詩가 된 복숭아 • 12
딸 • 14
엄마의 석양 • 15
우물 • 16
오월에게 • 17
엄마의 엄마 • 18
엄마 가라사대 • 20
최선의 선택 • 21
겨울나무 • 22
넙치가 되고 만 날 • 23
아버지의 애장품을 펴며 • 24
맘, 맘, 맘 • 26
낙화 • 27
이팝꽃 필 때 • 28

제2부 비릿한 당신

조근조근 • 31
연꽃 • 32
저것은 열정이다 • 33
입덧 • 34
가끔 아주, 따뜻한 국수처럼 • 36
빈 병을 씻으며 • 38
바람이 들다 • 39
꽃짐 지고 • 40
위험한 가을 • 42
다시 절정이다 • 43
비릿한 당신 • 44
눈오는 날 • 45
물때를 기다리는 여자 • 46

제3부 연못 속 판도라 상자

사랑은 이렇게 • 49
연못 속 판도라 상자 • 50
붓꽃 • 52
상견례 • 53
꼭, 그 자리 • 54
식탁 • 55
꽉 물어줄까 • 56
명옥헌에 가 보아라 • 57
디자이너 구름 • 58
밴댕이회 • 59
밤꽃 피는 유월이 오면 • 60
장마 • 61
한번쯤 노숙자가 되어도 좋겠다 • 62
사월은 짧습니다 • 64
천천히, 그래 천천히 • 66
홍시 • 68
원대리에 가면 • 69
자카란타 피는 계절 • 70

제4부 수채화처럼

대추차 한 잔 • 73
강, 그렇게 • 74
가을은 푸짐해서 좋다 • 76
가슴에 안긴 가을 • 77
비둘기 • 78
풀처럼 • 80
수채화처럼 • 81
가릴 수 없는 계절이 오면 • 82
가을은 • 83
오크멘의 꿈 • 84
혁명의 봄 • 86
고향의 봄 • 88
가을 동행 • 89
비가 • 90

제5부 작아져서 행복한 시간

종이컵 사랑 • 93
작아져서 행복한 시간 • 94
산수유 • 95
꽃, 내 안에서 또 다시 • 96
겨울 산수유 • 98
약산 진달래 볼 수 있으려나 • 99
꽃, 운거루 • 100
목련, 내일로 가다 • 102
능소화 2 • 103
음률 흐르고 • 104
자화상 • 105
시간여행 • 106
너, 혹시 • 108
꽃 갈증 • 109
눈 오는 날의 시놉시스 • 110
매일이 기적이다 • 111

해설 _ 느림, 그 서정적 삶의 미학 _ 손옥자 시인 • 113

제1부

시가 된 복숭아

선물

푸른빛을 이고 어둠 걷어내며
조요히 걷는 이가 있다
상거가 멀어
표정은 보이지 않으나
고요히 걷는 그는
하루다

저는
함박꽃 같은 미소를 머금었으리라
동해 찬 기운 품었으리라
조금은 따뜻해도 좋으련
조금은 설레도 좋으련

조요히 다가 와
특별히 내게만
꼬옥 쥐어주고 가는
그의 뒤를 따라
나도 조요히 한 발 내딛는
하루

시詩가 된 복숭아

녀석이 복숭아를 보내왔다

난, 남동생에게 말했다
감정에 치우쳐 여자에게 상처 주는 일은 하지 않았으면 좋겠다고

아버지는 밝으신 분이셨다 늘 주변 사람들에게 웃음 주고 아버지가 있는 곳은 무지갯빛 미소와 기쁨이 파도처럼 일렁거리곤 했다 여동생이 많았던 아버지는 상대방을 늘 살뜰히 살피며 섬겼다 그런 아버지를 일컬어 바람둥이라고도 했다

난, 그 소리가 싫었다

아버지는 복숭아를 다루듯
흠집이라도 생기면 안 되지
혹 상처 주진 않을까
조심조심하며 상대방을 살피며 배려했을 뿐이었다

동생이 보내 온 복숭아
고운 속지로 여러 겹 싸여
다소곳하다

예쁜 접시 준비하고
행여 다칠세라 살살 씻으며
아버지를 만나고 동생을 느낀다

복숭아, 볼이
발그레 붉어진다

딸

물드는 것이 어디 너 뿐이냐
익어가는 것 또한 너 뿐이랴

가을아
어느새 우리 딸아이도
물들기 시작했다

홍색 자색
퍼
가는 세월
자기가 꽃인지 모르는 아이

꽃봉오리 바람에 흔들릴 때마다
비적이며 운다
언제 자라 예쁜 계절이 되누

찬 서리에도 춤추며
예쁘게
석류처럼 익어가라

이제 그만 떠나보내라고
자꾸
물드는 계절

엄마의 석양

서산으로 넘어 가는 해님의 웃음이
얼마나 간들어지든지 아직도
귓가에 남아 미소 짓게 한다

뉘엿뉘엿 고개 까딱이며
검붉은 치맛자락 휘날리더니
무어 그리도 바쁜지
서둘러, 서둘러 넘어간다

후회도 미련도 않겠다는 듯이
활짝 핀 장미향 온누리에 뿌리더니
넘어, 넘어간다

전쟁하듯 살던 날도
포기한 사람같이 살던 날도
흥에 겨워 덩실 덩실 춤추던 날도 있었지만
온 힘 다해 살아온 날

멋진 그림 그려놓고
웃으며
넘어 넘어간다

우물

달이 머무는 곳
그리움이 출렁거리는, 거기
허기진 보고픔에
퍼 올리던 두레박 속
작은 우주 안에 달이 웃다 흩어지면
그리움도 출렁출렁

두레박을 따라 올라 온
어머니 얼굴
그렁그렁

오월에게

뾰족뾰족 날이 서 있는 너
푸른 잎들이 마음을 펴기 시작했다

봄이 자리 내어 준 거기
잎이 쫑긋쫑긋 귀를 세우더니
마음자락을 편다

오랜만에 딸아이와 간 카페
딸아이의 얼굴이
오월같이 푸르다
오늘만 같아라

잎새마다 아프로디테의 미를
가지마다에 이데올로기에 기를 세우며
크고 작은 상처들을 다스려라

뾰족뾰족 날이 선 네가
싱그러운
오월이 되어라

엄마의 엄마

우유 빛깔이다

한 손 안에 잡히는 유방은 젊은 아낙네 것같이 땡땡하다 한 손으로는 안전대를 잡고 샤워헤드를 내려놓지 않는다

땡그럽고 보드라운 피부에 오일 묻히고
얼굴 마사지 하듯 닦아낸다
히프 위쪽 중앙 붉게 부풀어 오른 곳을 핸드폰으로 찍어 놓는다

아직 남아 있는 물기를 헤어드라이어로 말리니 기분이 좋은지 안전대를 잡았던 두 손으로 히프를 치며 "엄마" 부른다

― 엄마
― 아니, 딸더러 엄마라니

욕심이 다 빠진 얼굴이 박꽃같이 곱다
선하디 선한 두 눈은 촛점이 분명치 않으나 매냥 웃으신다
파마기 없는 머리카락은 면류관 같이 반짝인다

― 엄마 이 사진 봐 너무 누워 있어 욕창 생겼네 누워 있지만 말고 앉아 있어야 해요 욕창이 심하면 병원 가야 해

붉어진 두피 고슬고슬 말리고 옷을 입혀드리니 마실 나갔던 총기가 번쩍번쩍
　― 고맙다
　분홍색 버선 신겨드리니 지그시 바라보는 눈에 대롱거리는 저 말

　날 엄마라 부르는
　내 엄마
　뽀송한 봄볕이 따스하다

엄마 가라사대

엄마는 말씀하신다
네 시어머니에게 잘해라
그분 건강이 네게 복이야

엄마는 말씀하신다
1분만 천천히 가라
양보하는 게 네게 복이야

엄마는 말씀하신다
나누고 살아야 해
내가 다 먹고 쓰고는 나눌 수 없어

엄마는 말씀하신다
사람이 복이다
타인에게 함부로 하지 마라

엄마는
삶으로
그렇게 말씀하신다

최선의 선택

전쟁과 보릿고개
열 낳아 아홉이 자랐다
끼니를 굶기지 않는 것이 사랑이었다
죽지 않고 자라주기만 바랐다

각각 자라 둥지를 지녔다

그저 살아야 했다
사랑이라는 것은 사치 같았다
아프지 않고 짐 되지 않으려면
건강을 지켜야 했다
집마다 손주들은 한둘인데
모두 바쁘다

죽음은 원하는 때 오지 않는 것
아홉 남매 자식 위해 결단해야 한다
남은 날을 기다리다
잘 죽는 길을 택하고
사치라 생각한 사랑을 해보려고
요양원으로
그게 최선의 사랑이다

겨울나무

겨울이면 나무는 수술한다
옷을 다 벗고 심장 내보이며
가지 끝 하나하나
CT 촬영하듯 햇볕에 보이는 나무

나목의 심장 같은 까치집이
모세혈관 같은 가지가
추위에 파르르
가지 끝까지 피가 흐르는지
갈라져 터질 것 같은 추위에도
바람 맞으며 서 있다

혹한의 날씨가 약이라도 되는 듯
벗은 몸 바람 맞으며
정갈하게 온몸 드러내어 말리고 있다
겨울마다 수술 받는 나무
입춘이 지났건만
싹 피우지 않고 있다

한 말 또 하고 또 하는 울 엄니
치매도 수술할 수 있으면 좋겠다

넙치가 되고 만 날

배를 온수 매트에 깔고
가래를 삼키며
널브러져 있다

뼛속까지 아프다

시원한 매운탕이 생각나는데
내 몸을 스스로 회쳐야
먹을 수 있으리라

끙끙
고픈 배를 어찌할까

속이 썩고 내장이 눈밑까지 차오르니
넙치 눈은 왼쪽으로
흘긴 눈 된다

― 여보, 물 좀

아버지의 애장품을 펴며

앉은뱅이책상 위 백자필통 속
굽이치는 폭포, 산자락을 싸안고 있는
손때 묻은 부채 하나

여름이면 부채 하나로 산속 바람을 잡았다
쫙 펴 더위를 삭히시던 아버지
아버지가 웃으신다

접혀진 부채 안에 그려진 산수화
멋을 부려 좌~악
훨훨

아버지 너그러운 웃음
그가 살았던 삶이 활짝 펼쳐지고 베풀기 좋아하시고
첫사랑 아내를 아끼셨던 그가
말을 걸어온다

치매로 누워있는 엄마를 부탁한다며
등을 토닥토닥
― 아버지, 걱정마세요 잘 할게요

접었다 펴는 부채 속 아버지가 웃으신다
나도 허리를 펴며
쫘~악

살랑살랑
훨훨

맘, 맘, 맘

황금 깃털 같은 구름이 흐릅니다
구름이 흘러가는 곳은
언제나 천국일 거라고 생각합니다

딸이 좋아하는 딸기를 사고
리어카에서 청송사과를 샀습니다

길게 꼬리를 문 퇴근 차들이 루비 같은 등을 켜면 정량고개의 토끼굴은 저녁음식을 생각하는 여인 아이들의 얼굴을 그리는 여인 시장 보는 여인들의 분주한 저녁이 시작 됩니다

토끼굴을 벗어난 스포츠카에서는
담배 연기가 저녁처럼 풀풀 흐르고
청년의 시선은 노을에서 달랑거립니다

뉘엿뉘엿 안개비 같은 어둠이 스멀거리면
딸아이의 밝은 얼굴과
먼저 와 있을 가장의 허기진 미소가 떠오릅니다

막힌 퇴근길이 주는 시간은
천국을 향해 가는 맛있는 길이 됩니다

지구 안에 있는 맘 맘 맘
그들 마음에 꽃이 핍니다

낙화

다, 떨어져 간다 해도
행복하다
내일이면 다른 표정의 널,
볼 테니까

이팝꽃 필 때

머리에 이팝꽃 피기 시작 할 때
울 엄니는 치매와
여행을 떠나시곤 하신다

가장 살갑던 아들 가슴에 꼭꼭 묻고
남은 자식 흰 쌀밥 먹이고 파
새벽마다 종종거리던 울 엄니

카네이션 가슴에 달고
자식 하얀 쌀밥 먹이고 파
새벽부터 장터로 가시는지

영정 사진 첫사랑과 대화하며
머리에는 꽃이 만개하고
입가에는 기쁨이 출렁인다

흰 쌀밥 머리에 가득 이고
꽃 되어 웃는 엄니
긴 여행에서 어서 돌아오소서

제2부

비릿한 당신

조근 조근

밤새 속삭이듯 내렸다
그렇게
조근 조근

무슨 할 말 그리 많은지
외국어인 듯
천국의 언어인 듯
그렇게
조근 조근

위로같이 깊은 당부같이
속삭인다
조근 조근

새벽 종소리 감사와 감격에
나 또한 비 되어
하늘 언어로
젖은 길 간다
조근 조근

연꽃

진흙탕 속 긴 뿌리
초록 우산으로 감추고
얇은 사 세모시로 단장하고
신새벽부터 활짝 웃는 너

잎으론 물기를 받아들을 수 없어
꽃잎 떨어진 자리마다
꽃술 족두리

뜨거운 해 안고 익어가는 심방
수만 평 아수라 못에
꿈 심고
대낮에도 처염상정 기도한다

진흙탕 속 깊이 별을 숨기고
쌓인 그리움에
너 없으면 못 살 것만 같아
달빛 속에 춤추는 꽃이여

* 처염상정 : 더러운 곳에 머물더라도 깨끗한 생각만 한다는 의미

저것은 열정이다

 또 한 마리의 사체가 박제 된 채 망망한 바다만 보이는 등대 창에 매달려 바람을 탄다. 빗방울에 반짝이는 그물, 비 오는 날 적막 가운데서도 달무리 진보름밤에도 쉬지 않고 뽑아내는, 저것은 열정이다 그만 둘 수 없는 끊어버릴 수도 없는 유전된 삶의 방식 팽팽하게 더 팽팽하게 아쟁의 줄과 같은 선이 원을 그리듯 뽑아내는 저 끈적임은 주문을 걸듯이 지치지 말라는 외침이다 등대 창가에 매달린 삶 저것은 인내해야 지어지는 궁전, 낙조에도 쉬지 않고 뽑아내는 빛나는 운명

 그래,
 저것은 열정이다
 숙명같이
 답습되어온
 꿈

 빛나는 운명이다

입덧

상가에 빈 곳이 생길 때마다
가슴으로 바람이 불어온다
성폭력을 근절하겠다던 시장이 성추행을 하곤 자살했단다
겨울은 추웠다

코/로/나19로 확진자가 하루 1000여 명이 넘는다는
기사가 신문을 달군다
집값이 한 달도 안 되어 억 단위로 오르고
택배노동자가 오늘 또 죽었단다
겨울은 추웠다

사십 년을 함께 한 남편을 죽이고 싶단다
그녀의 눈에 살기가 돋았다
입양한 아일 때리고 밟아서 죽였단다
겨울은 추웠다

남도의 매화는 환하게 피었다
어둠을 물고 나온 꽃잎이
유난히 붉고 싱싱하다

올 겨울은 자기보다 큰 봄을 잉태하면서
한겨울 내내
입덧이 심했나 보다

봄은 그렇게 오고 있다

가끔 아주, 따뜻한 국수처럼

 여섯 평 남짓한 국수 전문점 매 테이블마다 혼자 앉아 있는 사람들 각자 혼자 앉아 손바닥에 올려 진 네모정보국 친구를 보며 일정을 조정한다 혼자가 나가고 또 다른 혼자가 들어와 긴 테이블 저만치 앉아 비빔국수 한 그릇을 시킨다 그녀도 손바닥 안 반짝이는 세계정보국에 있는 친구들의 동향을 살핀다

  아픈데 홀로 있단다
  H는 생일인데 혼자란다
  S는 먼저 전화하기 싫어 혼자란다

 나이가 먹는 것은 혼자되는 것인가?

혼자 있다 병난 미애씨에게서 전화가 왔다
그녀의 외로움이
전화선을 타고 어둠 밖으로 걸어 나온다

 사람들은 모두 혼자다 성공한 사람,
 잘 나가던 사람도

 유리창 밖에는 표정을 알 수 없는 사람들이 지나가고
 순희숙이현이도 지나간다

전화 한 통으로 웃을 수 있는 모음들의 목록들을 살펴본다

추운 이들에게 아니, 혼자에게
우린 가끔, 아주 가끔씩
따뜻한 잔치국수처럼 다가가야 되지 않을까

빈 병을 씻으며

누군가 만날 준비를 할 때면

종종 빈 병을 준비한다
병 모양을 요리 조리 살펴보고
맑고 투명한 유리병을 선택 해

그 속에 담아야 할 이야기
그 속에 담겨질 마음을 생각하며

잘 씻어
눈높이에 놓고는
만날 날을 위해 기도하곤 한다

우리들의 삶이란
빈 마음 빈자리에 서로 담기는 일이라

또 한 계절 흐르기 전
너와 나의 이야기 차곡차곡
깨끗하고 예쁜 병에 담기 위해
준비할 일이다

바람이 들다

바람, 바람이 들었다

겉이 매끈하고 멀쩡해 잘라보니
숭숭
바람이 들었다
바람 든 무
썩지는 않아
바라보다 웃는다

무릎에
허리에
머리에
내 몸에도 바람 들었다

썩지 않아
다행이구나

바람 든 무
육수는 낼 수 있다니
육수 내어

맛있는 인생 살아보자

꽃짐 지고

봄비에 툭툭 터지는 산수유
주홍 글씨도 아닌데 매달려 있는 붉은 어제
활짝/툭/툭
터지며
봄을 무색하게 한다

떨어져, 떨어져 나가
아직도 가지를 잡고 있는 것이
무엇 때문이냐고
후레쉬 번쩍이며 묻는다

봄은 폭죽처럼 터지는데
붉디붉은 열매 아직도 대롱대롱

비를 기다리다
붉은 산수유 열매 터는 꿈을 꾼다
떨어져
떨어져 나가

 꽃 같은 짐 덩어리
 날 붙잡듯 붉은 열매 대롱 달려 있는데

노오란 환희 속 산수유
하늘 채도를 높인다

봄은 툭툭 터지는데
언제쯤 저 붉은 열매 떨어져 나가려나
우린 모두 떨쳐 버리고 싶은 것을
짐이라,
꽃짐이라 부른다

꽃짐 달고 있는 가지들

위험한 가을

사나운 가시 품고
짙게 물드는 화살나무

뚝뚝 떨어져 구르는 낙엽 내려다보며
불지를 듯 활활

한 계절 통째로 태우는
화살나무

가을은 너로 위험하다

다시 절정이다

예쁘게 물든 단풍이
하나둘 떨어지고……

떨어지는 단풍을 한참 바라보던 남자는
성냥을 긋는다
이글이글 타오르던 청춘이 탄다
풋풋했던 꿈이 타고
만년 과장의 한풀 꺾인 자존심이 탄다

타고 있는 낙엽 속으로
끝내 숨겨온 밀린 자리
감봉된 연봉도 밀어 넣는다
연기가 눈앞을 가려 찔끔거리는 사이
툭― 제풀에 익은 감이 떨어진다

숱한 계절,
이제야 감 잡은 남자가
선명하게 익은,
붉은 가을을 연다
다시 절정이다

비릿한 당신

지금도 당신 몸에서는
비릿한 냄새가 납니다
빠르게 흐르는 물살 거스르며 팔딱거리는 날 것의 냄새

세상에 몸 담근 후
온 힘 다해 거슬러 올라와야 닿을 수 있는—
거스른다고 하는 것은 얼마나 아픈 일입니까?
파도에 휩쓸리고 암초에 부딪혀도
당신은 꿋꿋합니다

멀리 오렌지빛 하늘은 당신과 닮아 있습니다
별들이 총총히 빛나는 밤
당신은 한 세계를 낳으시고
곤한 지느러미를 접습니다

총총히 빛나던 별들이 하나 둘 사라지기 시작하고
멀리서 종소리가 들리면
안식에 들었던 바다는 다시 부풀어 오릅니다
비릿한 냄새를 조용히 품고

눈 오는 날

혁신초등학교
붉은 장닭이 나팔수가 되었다
눈이 와요, 눈이—

가로등 아래 은빛가루
봄의 전령되어
반짝이며 내려앉는다

도로는 하얀 융단으로 덮이고
마침내, 상록수는 백의를 입는다
신호등빛 보석 같다

연의호수 입을 벌리고 잠에서 깨어난다
초등학교 경비원은
빗자루 잡고 콧노래 부르고

시인의 마음 문맥이 트이고
노랫가락이 흐른다

물때를 기다리는 여자

갯벌은 수많은 비밀을 안고
속울음을 삼기고 산다

드넓은 모래사장을 지나
파도소리가 차르 차르르 노래하는 바다

연체동물 같이 휘청거리는 걸음을 바로 하고
새로운 항해를 위해

코바늘을 잡고 한 코씩 시간을 떠 본다
떨리는 손으로 희망을 건지듯
온밤 내 미래를 뜬다

304호 그녀, 빛이 보이지 않아도 등대를 본다
바다가 부르는 희망 노래를 들으며
코바늘로 엮어 만든 돛대를 올리고

매일 희망을 뜬다
물때를 기다리는 여자

무창포 바닷길이 열린다

제3부

연못 속 판도라 상자

사랑은 이렇게

그는 늘 두 손으로 날 안는다
코끝을 내 몸 가까이 대고
두 눈을 감고
날 음미한다

달콤한 그의 입술이
꿈꾸듯 말한다
음—
달콤해

잦은 그의 입맞춤과 허그는
나의 모든 것을
비워가게 한다

맞다, 사랑은 이렇게
종이컵처럼
비워가는 것

연못 속 판도라 상자

  스스로 노래하는 갈대가 사는 연못에는 물에 빠진 해가 오리와 숨바꼭질 한다 숫기 없는 까치 풍덩 소리도 없이 날아가 나무 위에 거꾸로 서서 노래하고 연못 속에 잠긴 플라타너스 거꾸로 보는 세상이 좋은지 옷 벗으며 즐거운 듯 웃는다

  연못 속
  청년 아파트 현장 철재 빔은 아다지오로 돌고 돈다
  철커덩
  뚝딱
  뚝

  연못 속에는 거꾸로 선 사람들로 가득하다
  철커덩
  뚝딱
  뚝

  갈대는 나무가 되고 싶어 밤새 노래하려나 보다
  <u>스스스 스스</u>
  철커덩
  툭
  딱

연못 속에는 철재 빔이 있고 사람들은 거꾸로 서서 달린다
그들의 꿈도 거꾸로 매달려 달린다

판도라 상자 속에서 들리는 웃음소리
별이 떴다,
진다

* 철재빔은 서울시에서 짓는 청년아파트, 청년들의 내일이 있는 곳이다

붓꽃

붓끝 정갈하게 다듬어
노을 물감 찍어
화선지에 그립니다

그대를

붓끝에 흠뻑 젖은 그대,
노란 나비 되어 내게로 옵니다

상견례

2.5단계 그래도 만나야 할 인연이다

손짓하는 브러쉬 따라 머물다 가는 인연들이
차창에 부딪치며 흩어진다
절반은 물위에 떠 있는 간월도에 눈이 내린다
간월도에는 청어알젓이 있고 석화 까는 아낙이 웃고
짭짤한 어리굴젓이 기다리고
소라무침이 늦은 아침상을 차린다
간월도에는 어머니와 엄마가 나란히 앉아
어머니는 며느리에게 살진 전어를 건네주고
엄마는 봄볕 같은 눈으로 어머니에게 새우를 까 주신다

이제 막
시작되는 인연

우린 소같이 맑은 눈을 교환하며
부지런히 성실히 살아 갈
한 쌍의 세상을 축복하고 있다
눈 내리는 간월도 까치 음계를 오르내리며
바다바위 위 고동은 익어 가고
간월암은 노래하는 물에 잠기어 간다

꼭, 그 자리

평생을 살아도
몸이 온통 붉은 잠자리는 처음 봤다

한참 정신 빼앗기고 널 보다가
연못 한 바퀴 돌아 나오려는데

다시 그 자리를 맴도는
빠알간 고추잠자리

즐겨 앉는 자기만의 자리가 있는 듯
그 자리를 쉬 바꾸지 않는다

수많은 만남과 헤어짐이 있지만
내 마음 언저리 꼭, 그 자리
거기에 날아와 앉는 너

일출에도 일몰에도
붉은 몸으로 그 자리에 앉아
꼼짝 않는 너

식탁

틀어지고 있는 식탁 비스듬한 그는
오늘도 반듯하게 살아보겠다고
어깨가 무너지는 줄도 모르고 짐을 진다

― 네가 반짝이며 웃는 것이 좋아
반백이 된 머리 넉넉해진 몸
마음 자락 넓게 펴며
많은 사람 속에서 햇살같이
― 마음껏 웃어!
당신이라도 숲으로 가
새들의 소리 들으며 폼 나게 살라면서
2020 차키 손에 쥐어주며
햇볕에 탄 붉은 얼굴로 말한다

틀어져가는 식탁 망가지기 전에
공구상자 그에게 건네며
― 여보 내일은 치과 가요

십자드라이버 하나로 반듯해진 식탁에
시월 햇살 쏟아진다

꽉 물어줄까

누우런 고깔 면사포 쓰고
요리 살짝 조리 살짝 설익은 얼굴로
쨍쨍하게 젊은 햇살 훔쳐보다
발그레해진 얼굴

이쁘다
어여쁘다
볼이라도 만져 줄라치면

아직은
어설픈 엉덩이 요염한 양 내밀고
물컹한 단내 풍기며 슬쩍 영그는
복숭아

요염한 저 엉덩이
꽉
물어줄까
장호원 복숭아

명옥헌에 가 보아라

명옥헌에 가 보아라

백 일 동안 연못 위에 수 놓여질 배롱나무의 문장 600년 동안 쉬지 않고 써 내려오는 그 문장을 읽는다 뜨거운 대지 위 영원히 마르지 않는 선비의 자긍심이 시가 되어 나부끼는 배롱나무 문장, 춤추듯 연못 위로 내려앉으며 물 위에서 다시 피는 시문집, 명옥헌의 역사를 초서체로 수려하게 써 내려가고 있는 저 배롱나무

결백의 꽃이 시가 된 명옥헌에 가 보아라
배롱나무가 연못 위에 시화전을 열었다

가서,
꽃 편지가 된 문장들을 하나씩 건져
읊어 보아라

※ 명옥헌원림: 전남 담양군 고서면 후산길103
　자연유산/명승/역사문화경관

디자이너 구름

줄에 걸터 앉아있다

부는 바람 따라 흐르기도 하고
흩어졌다 모이고
모였다 풀어지는 구름이
가로등에 걸터앉아
젖은 날개를 말린다

높이 솟은 철재 빔 위

산을 그리고
위인들을 그리고
내일의 나를 디자인한다

난 아주
비싼
성실과 열정으로 그림을 사기로 한다

그리고 그 그림을
내 인생,
전시실에 걸어 본다

밴댕이회

통통 살 오른 오뉴월 밴댕이

보드랍기가 여인네 허벅지보다 곱다
아기 고사리 손만 한 것이
입 안에서 아이스크림처럼 녹아내린다
강화도 비릿한 바람과 물결
밴댕이는 오월 초록을 담았다

머리가 없고
속이 없어
녹음 담은 물 먹은
 밴댕이

그 생이
맛있다

밤꽃 피는 유월이 오면

산자락 끝 수기네 장독대
하얀 밤꽃이 피면
뒷산 초록 여인들 치맛자락 펴며 춤춘다

하얗게 피어 푸른 잎에 앉아있던
밤꽃도 살랑 살랑거리며
춤을 추다 내려앉는데

저것이 새털 되었네
아니 새끼 배암이 되었네
꽃새가 되었네

밤꽃이 피는 유월 밤이면
청산댁 아주매 앞집 사는 홀아비에게
밤꽃 되려는지

수기네 장독대 오가며
매양 바쁘다

장마

하늘은 슬픔을 참고 참았나 보다

억눌러오던 아픔에 우는 날 정했나 보다
슬픔 풀어 놓고 우는 날이면

바람이 따라 울고 숲도 운다
내川가 무너지고
강둑이 터졌다

나무도 뿌리를 드러내고
산도 피를 토해낸다

하늘은 슬픔을
참고
참았다
저렇듯 한꺼번에 쏟아 놓는다

강도
피눈물 흘린 듯
핏빛이다

한번쯤 노숙자가 되어도 좋겠다

한번쯤 노숙자가 되어도 좋다
계획하지 않은 천지기후(비)로
언어가 통하지 않아 번역기로 연착 소식을 들어야했던
샌프란시스코 공항에서

체면이나
교양을 미루어 두고
두근거리는 밤을 보내어 보는 것도 좋다
수없이 하늘에 묻고
가슴에 귀 기울여 보는 것도 좋다
이대로 미아가 된다면
별도 달도 없는 밤
별을 새듯 감사를 건져 보는 것도 좋다
얼마나 부족한 것이 많음을
대책 없이 초 긍정적임을
얼마큼 국제적이지 못함을
뼈저리게 느껴도 보고
내 나라
내 백성
우리 대통령

후손을 밤새워 축복하며 기도하는 애국자가 되어
보는 것도 좋다

그래, 한번쯤은
국제 노숙자가 되어 보는 것도 좋다

샌프란시스코 공항 로비에서
친절한 내 민족의 안내자로 인한 든든함도 맛보고
처음 보는 이국 여인 옆에 누워
눈 마주하고 웃어보는 것도 좋다
하늘은 심술꾸러기 같고
마음은 푸른 하늘 위를 난다
비에 젖은 샌프란시스코는 아름답다

먼저 간 케리어는
날 기다리고 있겠지

사월은 짧습니다

꽃비 날리는 사월은 짧습니다

집안 대들보라 하던 동생, 이십대에 봄길 꽃 되어 갔습니다
낙화하는 꽃잎 맞으며
저승이라는 길을
저벅 소리도 없이 걸어갔습니다

난, 꽃에게 물어보기로 했습니다
바람 부는 걸 좋아하니
비 오는 것을 좋아하니
흐리고 을씨년스러운 날이 좋으냐고

아무리 물어도
사월은 그저
하늘하늘 가슴으로 떨어져 옵니다

밝은 햇살 아래 아른아른 여린 꽃
하늘하늘 날며 웃는 꽃

비와 함께
바람과 같이 눈 내리듯

꽃잎 날리는 날이면

동생을 불러봅니다
그래, 봄이
그리도 좋더냐

천천히, 그래 천천히

동부간선도로 앞을 분간 할 수 없게
쏟아 붇는 비

쏟아지는 빗줄기가 나이아가라 폭포수
동호대교 접어드니 앞도, 뒤도 볼 수 없어
라이트를 다 켜도
정신이 없다

― 천천히
― 무조건 천천히

정신 바짝 차리고 눈에 힘주니
나도 모를 소리가 주문처럼 나온다

쏟아 붇는 비

그랬다 20대 K는 장대비를 만났다
청춘, 그 혈기왕성한 시절
무엇을 해도 길이 안 보이는 장대 빗속 같은 그때
K가 할 수 있는 것은 달리는 것, 오로지 달리는 것 밖에
천천히를 몰랐다

폭포를 닮은 비 가르며 천천히를 머리에 각인시키고
동호대교 건너 올림픽대로 접어드니
올림픽대로 시야가 환하다

장대 빗속 같은 절망 속에선
천천히 그래 천천히
천천히가 웃는다

63빌딩 위로 무지개가 선명하다

홍시

하늘에 불이 붙었다

찬서리 맞으며 익어가던 너
불덩어리 되었구나

눈 내린 새벽
열병 앓던 널 찾아온 까치
첫 키스 추억 때문인지
불덩어리 되었구나

보고픔이
선홍빛으로 달아올라
대롱
대롱

하늘에 불이 붙었구나

원대리에 가면

원대리에 가면

무수히 많은 눈동자가 숱한 이야기를 안고
노근한 그림자를 베고 날 기다리고 있다
커다란 외눈박이 자작나무가 무서운 듯하다 가도
처량한 것 같기도 한데
가슴 속을 꿰뚫고 보는 늙은 철학자의
눈동자를 하고 날 기다렸노라고

햇살 받아 더욱 새하얀 몸피는
경극 배우 얼굴과 같다
허리를 자르면 금방이라도 하얀 물감을 풀어 놓은 물이 줄줄
커다란 눈동자에선 하염없이 눈물이
흘려 내릴 것만 같다

원대리에 가면
날 대신하여 펑펑 울어 줄 자작나무가
내게서 눈길을 떼지 않고
눈망울 부릅뜨고 울지 말자고
폐부 속 깊이 보며 웃고 있다

원대리에 가면

자카란타 피는 계절

부에노파크 아름다운 마을
눈망울이 큰 친구의 눈에 가을이 올 때

어제보다 고와진 오늘을 우정이라 쓰고
우정보다 고와지는 내일은 사랑이라 쓴다

볕이 쨍쨍하게 쏟아지고 있는 부에노파크
보랏빛 자카란타 향기 바람에 날리는
오후 네 시

우듬지 굵은 메타세쿼이아 숲
다람쥐가 나무 끝으로 올라가
꽃이 된 친구를 부른다

자카란타 피는 마을
오렌지 익어 떨어지고 있는
정원에 보랏빛 시제를 풀어 놓는다

제 4 부

수채화처럼

대추차 한 잔

그리움은 소리도 없이 찾아와
내 안 깊은 곳에 앉아서 가려하지 않는다

반기지도 않고
마음자락 펼 생각도 없건만
좀체 나가지 않고
고독과 어깨동무한다

근원을 알 수 없는 고독
푹
푹
그렇게, 오래 끓여 그리움을 우려내 본다
달이고 달인
대추차 한 잔 속에
떠나지 않는 얼굴을 그린다

쭈글쭈글 구겨져 있던 마음이
팽팽하고 선명하게 퍼진다
환한 얼굴이 부풀어 오른다

걍, 그렇게

걍
편하게 만나 속엣 말 나누고
돌아서
그래 네가 있는 것만으로도……
네가 잘됐으면 좋겠어

걍
드러내고 싶지 않은 얘기
치장 없이 늘어놓고
내가 낼게
계산이 필요하지 않고
싸우지 않는

걍
그렇게
밝은 소리로 먼저 소식 주는
넌 나에게
늘 괜찮은 사람

걍

나도 너에게 헐렁한 옷처럼
부담 없는 그런 사람이면 좋겠어
서로 치장이 필요 없는
토담집 숭늉 같은

넌
걍
그런 친구

가을은 푸짐해서 좋다

상숙이는 말했다

— 나는 왜 언제나 찾아다니는 사람이지
— 그건 네가 우주를 닮은 게야, 가을같이 넉넉한 사람인 게지

민주의 가을 나들이는 호주 딸 산후조리였다
열심히 살아 온 선물로 세 딸 모두 호주 쪽으로 결혼해 보내고
홀가분한 양 허이허이 웃으며 사는 그녀

무릎 아파서 멀리 갈 수 없다는 순화
머플러 한 장씩 돌린다
서로 격려하며 나누는
도토리 열매 같은 정 꾸러미
마치 한 가마니 쌀 얻은 양
푸짐한 웃음 웃는다

지난여름 어렵고 힘든 거
가을 수다로 푼다
상숙이는 내일도 미라를 찾아
가을 여행을 떠난다

가슴에 안긴 가을

가을을 사 안고
구름 따라 가다 넘어져
쏟아진 노란 가을이
코끝에서
까르— 르

가을을 사다
가슴에 안긴 가을이
내 긴 감사기도에
품안에 안긴 채
까르, 까르르

가을이 내 안에서
황금물결 이룬다

비틀기

시를 쓴다는 것은

마음의 소리를
해의 언어로
꽃의 시각으로
물의 움직임으로
달의 고요를 쓰는 것이다

그런데 비틀어야 한단다
남과 다르게
특별나게 써야한다니
남들과 공감하고
소통하려고
시를 쓰는데
격조가 있게 쓰려면
비틀어야 한다니

누구나의 생각을 넘어
언어에 색을 입히고
살짝 숨기기도 하며
다시 보게 하는 법을 알아야 한다며

비보이도 아닌데
비틀고 비틀어야 한단다

단순한 나는
오늘도 비틀기를 하다
파란 하늘 속으로 풍덩
하늘에는 별이 있고
내 안에 사는 시인의 가슴은
연기만 풀풀

풀처럼

더, 낮게 피어나
가뭄이 오면 더욱 푸르른 너
파르라니 떨며 눕다

해가 있는 동안
꼿꼿하게
더

수채화처럼

새를 그리고, 구름을 그리다
섬세하지 못한 나는
새를 통통하게 그려 날고 싶어도 날지 못하는
둔한 새로 그리고 말았다

친구는 남태평양 섬을 투명하고 예쁘게 그린 수채화를 보내왔다
나도 그녀에게 여름 부채를 만들어 보내기로 하고
바닷속 수초에서 노니는 물고기를 그리다
죽은 물고기를 그리고 말았다

사람이 맑고 밝게 산다는 것이 쉽지 않다
난 수채화처럼 살고 싶다

캔버스 위에 그려지는 물고기,
꽃과 나비 어쩌다 욕심 하나 추가해
덧칠하다 보니
그림은 그려졌지만 수채화는 못 그리고 말았다

난 수채화처럼 살고 싶은데

가릴 수 없는 계절이 오면

무엇으로도 가릴 수 없는 계절이 오면
나목은 노래한다

뼈마디 마디 관절과 관절에
바람이 내달아와 부딪는 소리

허례도 내려놓고
가식도 격식도 벗어놓고
냉랭한 우주 공간에 빈 몸으로 서 있는 너

부러져라
꺾어져라
무섭게 달려드는 바람의 속도 앞에서
나목은 온몸으로 노래한다

자유는,
내려놓는 것에서부터
출발한다

가을은

가을은 그리움을 동무로 데리고 왔다

사고의 길이가 길어져서일까
상념의 깊이가 깊어진 까닭일까

그림같은 꽃 사과
그리움 따라 익는 계절

오크멘의 꿈

황량한 대륙
가도 가도
희망은 볼 수 없었다
황토색 대지 위
모래가 바람을 부르면
휘몰아쳤을 절망
수많은 날 말을 몰아
배낭 가득 담긴 푸른 꿈을
하나씩 버렸을 아리움
포기는 이르다며
지친 말에 채찍 날려 희미해지는 꿈 잡고
곳곳에 솟아 있는 산이
황금색으로 반짝이던
오크멘 골짜기를 따라
허술한 카페에서
배낭을 풀었다
어디로 날아갔는지 푸른 소망은 없었다
부스러기 꿈이라도
꼭 이루리라 다짐하며
일어서는 사내 어깨 위로
노을이 앉아 웃었다

오크멘에는 아직도
부스러기 꿈을 안고 오는
나그네에게 절망을 전하지 않는다
산은 햇빛을 따라
금강석과 같이 반짝이며
꿈을 꾸라 한다

포기하지 마라 한다

혁명의 봄

실실실 비 온다
비가 오는 것인지 안개인지 슬금슬금 내린다
머리 풀어헤친 수양버들
봄물 올라 살랑살랑
살랑거리며 걷는 여인의 머플러에
진달래꽃 실실 웃는다
Me Too! Me Too!
요지경 같은 세상
겨우내 모진 바람 불더니
강철 같은 추위 이겨내고

어여뻬 자라 봄 물든 아가씨들

실실실 비가 온다
실실실 봄이 웃는다
봄의 혁명이
Me Too! Me Too!
봇물 터진 듯
산수유개나리진달래설유화…
우산을 펴지 않아도 좋으리
실실 안개비 내리고

버들강아지 방실방실
꽁꽁 얼었던 연못 녹아 흐른다

봄이 터지고 있다
Me Too! Me Too!

고향의 봄

구순의 그녀 다시 태어나면 죽은 남편과 다시 한 번 살아보겠다고 한다

실향민으로 살던 남자 명문대를 졸업하고 미8군 직원으로도 있었지만 삼십이 넘어서야 그녀를 만났고 북에 두고 온 가족에 대한 책임감과 그리움으로 함께 살던 가족에게도 정을 주지 못하고 술을 먹어야 마음의 소리 쏟아 놓고 괴로워했던 남자를 그때는 이해할 수 없었다고 한다

술을 먹고 괴로워하며 주사로 가족들을 힘들게 할 때면
"그래 통일이 되면 제일 먼저 당신을 기차에 태워 줄게"하며 남편과 같이 소리 지르며 맞서는 게 유일한 위로였다

죽음을 앞에 두고야 "수고 했다"며 생전 처음인 것처럼 손을 잡아주던 남편을 이제는 이해할 수 있고 함께 할 기회가 주어진다면 실향의 아픔 안고 고향을 그리워하며 살아야 했던 남편을 보듬어 주고 함께 아파하며 살뜰히 챙겨주는 그의 연인이 되고 싶다고 한다

오포, 칠포하며 결혼도 안 하려는 시대
구순의 그녀는 '고향의 봄'을 들으며 생전에 술에 취해 목 놓아 이 노래를 부르던 남편을 만나고 있다

가을 동행

모두 열심히 살아낸 날들이
알록달록 고운 색으로
오늘이라 쓴다

울긋불긋 예쁜 가을
명함 사이에 끼우며
빈 의자에 꽃보다 곱게 내려앉는
노오란 가을 친구에게

수고하셨네

구멍 난 나뭇잎 사이로 보이는 코발트블루
맑은 하늘에 새털구름 흐르고
그 무엇과도 바꾸고 싶지 않은
설레는 내일이 손 내민다

그래, 다시 동행이다

비가

창가에 앉아 내리는 빗줄기를 바라본다
악보 없이, 악기가 없어도
노래하는 비
뚝뚝 뚝
뚜두둑 뚝 뚝

자려고 누운 내게
다정다정 가슴으로 들어와
노래하는 비
뚝우욱 뚝
뚜두둑 뚝 뚝

마음에 강이 흐른다
밤새 비가 내려 강으로 흐르고
고요한 바다는 출렁 출렁 노래한다

비의 환상곡
바다의 교향곡이 되었다

제5부
작아져서 행복한 시간

종이컵 사랑

사랑을 받는 동안 당당했겠지

당신의 온기
나이트 키스

사랑 끝난 자리

남아 있을까, 온기
사랑했으니 헤어짐도 당당하기를

사랑은 언제나 스피드마크처럼 강렬하고 짧은 것

가슴에 커다란 입술 하나
문신처럼 걸고

오늘도 이별하는 종이컵

작아져서 행복한 시간

밤새 별들의 이야기가 쏟아져 내립니다

은은한 달빛 나무의자에 걸터앉아
눈 감고 별들의 이야길 듣습니다

이슬이 꽃들의 이마 위에 살짝 입맞춤 하는 새벽
여명이 오기 전 고요한 시간
새벽은 언제나 당신 시간입니다

내가 가장 작아지고
순수해지는 조요한 새벽
절제된 언어로 무릎 꿇고
새날의 선물을 만져봅니다

하루를 당신께 아뢰는
고요한 시간
성실은 감사를 달고 내게 옵니다

작아져서 행복한 시간
새벽은 축복입니다

산수유

봄을 기다리는 사람들에게
어서 축포를 쏘라고

하나님은
너에게
작고
노오란
포탄을 주셨니?

꽃, 내 안에서 또 다시

바람이 비를 부르는 날이면
장독대 뒤
대나무 숲에서 노랫소리가 들리는 집

살가운 부부같이 커다란 장항아리 서너 개
옆으론 고모삼촌, 란이네 가족이 주르륵
옹기종기 자리를 잡았다

매일 새벽 기도하시던 할머니
장독대 중앙 배롱나무도 백일기도 중이다

유월부터 구월까지 수만 개 꽃잎 피고 지며
간장항아리 된장항아리에서 다시 피는
배롱나무 꽃

더위와 장마 속에서도
매끈한 몸 가다듬고 기도하다
떨어져 꽃으로 길 여는 배롱나무

딸아이 결혼을 위해 배롱나무 꽃잎 보며
나도 백일기도 중이다

여린 꽃잎 수만 개
기도의 응답같이 피고 피어나

꽃길 열어 줄 것이다

겨울 산수유

도대체 네가 무엇이기에
나를 잡아매는가

옹골진 바람에도 가지 단단히 붙잡고
반짝이는 너는 누구냐

모과는 나무에 달린 채 썩어가고
감도 철썩철썩 가지를 놓는데
동지섣달 언 가슴 설레이게 하고
잊었던 빛깔 찾아내는
너는 누구이기에
요리도 곱게 반짝 반짝 빛내어
가는 사람 붙잡는단 말이냐

녹슨 심장, 뛰게 만드는
너는
정녕 누구냐

약산 진달래 볼 수 있으려나

호빵 같은 얼굴 밉지만은 않았다
뚱뚱한 그의 몸도 그렇게 밉지 않았다
북미회담에서 비핵화를 미루며 웃는 그
― 그럴 수 있어
가진 거라고는 그것뿐인데

세기의 회담이라는 북미 하노이 회담
지구상 유일한 분단국가라는 오욕 벗고
이제는 영변 약산의 진달래꽃 볼 수 있으려나
점진적 포기
― 그럴 수밖에

회담이 결렬 되었단다
― 그럴 수 있어
또 다시 김정은과 트럼프가 뉴스에 나와
손잡고 비핵화를 논하길 기다린다

원미산 진달래 활짝 피어 방긋방긋 웃는데
언제쯤 약산 진달래 활짝 피는 것을 볼 수 있으려나
약산 진달래가 그립다

꽃, 운거루

꽃
꽃
꽃

겹벚꽃 한창인 부석사 길을 오른다
꽃터널이다

도비산 중턱 부석사 운거루에 서니
천수만이 시원하다
바람, 미소 지으며
머릿결을 매만진다

가슴에서 꽃이 된 그대
운거루 누각에 머문다

뉘엿뉘엿한 서산 바닷가
안식이 융단을 편다
벗이여!
운거루 노을 속에 편히 쉬거라

꽃
꽃
꽃

그대 속에 한참
머문다

목련, 내일로 가다

올봄에도 등을 켭니다
하늘이 바다같이 푸르고 높은 날
— 빛이 없어도 넌 예뻐
해님의 말에
웃다 웃다
등을 놓쳤습니다

떨어진 것이 등인 줄 알았는데
내일로 가는 티켓이었습니다

능소화 2

길고 긴 담장을 넘어볼까
나무에 올라가 볼까

가뭄 뒤 온 비에
목욕재개하고
피었구나

고고하게 피니
지는 것도 어여쁘게 하소서
꽃잎 진자리
향기롭게 하소서

보고
또 보고 싶어
월담하니
은혜하는 이 보게 하소서

그리운 님

음률 흐르고

어찌 이리 고운 눈을 주셨을까요
어찌 이리도 예쁜 마음을 주셨을까요
붉게 타는 것이 단풍뿐이겠습니까요

아리운 낙엽 형언할 문장이 없어요
구르는 나뭇잎이 꽃송이인 걸요

바람에 몰려가는 것이 어찌 나뭇잎뿐이겠습니까
시린 계절 앞에 옷을 벗는 것 또한 나무뿐일까요

오— 님이여
어쩜 이리도 단풍은 고울까
설악을 품은 한 장 사진이 음률로 흐르네요

떨어진 왕벚꽃나무 잎 책갈피에 꽂을게요
납작 엎드린 문장
꽃으로 피어나 주세요

인화된 사진 속에 음률이 흐르고
계절과 나는 시가 될게요

자화상

동 터 오기 전
산수유 축포를 터트리고
벚꽃 만개의 날개 나부끼며
'하루'라는 선물을 펼치기 전
찬양과 예배가 조요하게 행해지는 성전
절대자 앞에 한 송이 백합화 되어
감사로 선물을 편다

하루가 나에게 선물이듯
너에게로
가
꽃으로 살고 싶다

백합화로 살고 싶다

시간여행

무더위 바람을 부른다
쫙 펴고, 접었다
다시 촤— 악

접었다 펼 때마다
박연폭포 물 떨어져 내리고
다시 접었다 퍼면
동해 파아란 파도소리

팔 흔들어 바람 모으며 여름을 달랜다
오죽헌 정자 위
매끈한 살내음 배롱나무 꽃
끈끈하던 더위 무색하여
저만치 물려서고

접었다, 다시
머리 끝 땀방울 골진 이마 위로 흐르고
눈감고 흔드는 손놀림에
산바람 솔솔 분다

촤— 악, 폈다
난 어느 시대를 여행 중인가
히말라야 눈바람을 불러본다
멋들어지게

더위 잊은 시간여행

너, 혹시

할 말을 잃고 낙하하는 꽃잎을
바라만 보아야 하는 계절입니다

흐드러지게 피어 날리는 꽃잎이 친구의 편지 같아
손을 펴 받아봅니다
말이 없습니다

사랑하는 사람을 위해 조경사 공부로 밤잠을 설치며
자주 빛 비로드 같은 자목련을 좋아하던 수니

암 판정을 받은 날 조경사 합격 소식은
떨어지는 꽃잎 같은 서글픔이었습니다
잘라져나간 자리에서도 꽃이 피어나듯
이 계절이 오면 열정을 다해 살았던 수니가 그립습니다

잘려나간 등걸에서
자목련이 등을 켰습니다

혹시, 너 자목련으로 핀 거니

꽃 갈증

젖몸살 앓듯이
온몸이 나뭇가지인 양
손가락 끝
발가락 끝이
터져 나갈 것 같은 쩌릿한 팽만감
봄비가 소나기같이 내리면
손, 발끝 통증에서 해방되련만
몇 날을 덜 잠긴 수도꼭지 같이
전립선 안 좋은 소변 줄기 같이
시원찮게 내리니
나무마다에서 들리는
몸.살.앓.이
하나님은 왜 이리 짓궂으실까
대지는 인내한다
꽃은 피기까지 꽃이 아니기에
조물주의 때를
여름 냉수 같은
빗소리를 기다리는

꽃 갈증

눈 오는 날의 시놉시스

　하늘은 백색, 펄펄 눈 내리고 12층 창가에 서서 내리는 눈을 본다 우산을 받쳐 들고 가는 사람의 뒤를 쫓다가 눈길을 미끄러지듯 들어오는 차를 보다가 나도 모르게 나오는 한숨과 가장의 피곤한 얼굴을 떠올려본다 이런 속도로 오면 퇴근길이 몸살 앓겠다 쌍라이트 켠 차들이 조심조심,

　경비 아저씨 싸리 빗자루로 길 내 보지만 없어지는 흔적, 하늘은 온통 백색 세상이다 마스크 쓴 하얀 아이들이 하나둘 눈썰매를 가지고 모여들고 빨간 방한복 입은 아이는 길 위에 누웠다 길은 눈에 묻혀간다 펑펑 내리는 눈이 예쁘지만은 않은 것은 나이 탓인가 코로나블루를 덮으며 펑펑 내리는 눈이 다정한 사람들을 떠오르게 해 전화를 잡게 한다 눈은 내리고 난 베란다 창가에 서 있다 울리는 전화기에서 농담같이 네가 있어 행복하다고 말하는 소리가 들린다 펑펑 눈이 내린다 살아왔던 길 위로 눈 덮이고 난, 나에게 행복하냐고 묻는다

　퇴근한 그가
　― 오늘 같이 예쁘게 내리는 눈은 오랜만이지? 하자

　그제야 나는
　― 정말 예쁘게 눈이 내리네요? 한다

매일이 기적이다

나의 삶은 매일이 기적이다

어찌보면 퍼즐 맞추기
때론 숨은그림찾기 같아
선물을 찾아가고 있는 중이다

언제까지 가야 터널은 끝날까
내겐 왜 이리 버거운가
수많은 훈련과정

원망보다 / 불평보다 / 시기보다
감사하라고 주신 것에
최선을 올려드리려 했다

내 삶은 매일이 기적이다

보물찾기 하는 것 같다
부富하지도 가난하지도 않다
기적을 체험하기에 딱이다

해설

| 해설 |

느림, 그 서정적 삶의 미학
― 권옥란 시집 《연못 속 판도라 상자》

손옥자
(시인)

　나는 강원도 양구에 위치한 박수근 미술관을 자주 간다. 그래서 봄에는 봄대로, 여름에는 여름대로 사랑스러운 미술관 옆 빨래터에 푹 빠졌다 돌아온다. 그 유리알처럼 맑고 고요한 빨래터 안을 들여다보면, 옛 여인들의 수다를 건지러 들어간, 말할 수 없이 맑은 하늘과 대면한다. 어떻게 저렇게 맑을 수가 있나? 어떻게 저렇게 청명할 수가 있나? 이 세상과 다른 저 세상에 흠뻑 빠져 있다가, 빨래터에서 빨래하던 여인들이 그리우면, 나는 미술관 안으로 들어간다.
　미술관 안에는, 막내 동생을 업은 소녀가 있고, 아기에게 젖을 물리고 있는 어머니가 있고, 절구질하는 여인이 있고, 어머니가 빨래하러 간 사이에 따뜻한 방에서 책을 읽고 있는 소녀가 있다. 소녀의 등에 업힌 어린 동생은 따뜻한 등에 기대어 잠이 들고, 엄마의 얼굴을 자세히 들여다보면서 젖을 먹고 있던 아기는, 엄마와 눈이 마주치는 순간, 빨던 젖을 놓고 방그레 웃지 않을까?

  아름답다. 그 소박함에 발걸음을 뗄 수가 없다. 한없이 정겹고 한가롭다. 나는 이 한가로움이 말할 수 없이 좋다. 이 정겨움이 좋다. 좋아서, 박수근이 마련해 놓은 이 작은 동네에 자주 놀러 가는 것이다.

  권옥란 시인의 시는 박수근의 그림을 닮았다. 느리고, 한가롭고, 정겹다. 시 속에 무명저고리가 있고, 따사로운 햇살이 있고, 도란도란 흐르는 낮은 이야기가 있고, 그리고 어머니가 있다.

> 지금도 당신 몸에서는
> 비릿한 냄새가 납니다
> 빠르게 흐르는 물살 거스르며 팔딱거리는 날 것의 냄새
>
> 세상에 몸 담근 후
> 온 힘 다해 거슬러 올라야 닿을 수 있는—
> 거스른다고 하는 것은 얼마나 아픈 일입니까?
> 파도에 휩쓸리고 암초에 부딪혀도
> 당신은 꿋꿋합니다

멀리 오렌지빛 하늘은 당신과 닮아 있습니다
별들이 총총히 빛나는 밤
당신은 한 세계를 낳으시고
곤한 지느러미를 접습니다

총총히 빛나던 별들이 하나 둘 사라지기 시작하고
멀리서 종소리가 들리면
안식에 들었던 바다는 다시 부풀어 오릅니다
비릿한 냄새를 조용히 품고
　　　　　　　―〈비릿한 당신〉전문

'어머니'이다. 첫 행부터 마지막 행까지 '어머니'를 말하고 있다. "당신은 한 세계를 낳으시고/곤한 지느러미를 접"는 어머니, 어머니가 "지느러미를 접"을 때, 하늘에서는 "총총히 빛나던 별들이 하나둘 사라지기 시작"한다. 안식이다.

그러나 시인은 바로 "멀리서 종소리가 들려옵니다"라고 연도 떼지 않고 썼다. 다시 시작을 알리고 싶은 것이다. 시인은, 접거나 사라지는 것으로 끝내지 않고, "종소리"라는 긍정적 시어를 가져와, 다시 찬란한 아침을 열고 있는 것이다.

화자는 "당신" 몸에서, "비릿한" 젖냄새를 기억한다. 엄마에게서만 특별히 나는 냄새, 아기가 태어나 눈도 뜨기 전에, 아니 눈을 감고도 엄마를 찾아낼 수 있는 비릿한 냄새, 젖냄새, 화자는 그것을 바다에 풀어놓는다.

"비릿한 당신"은 고난을 무릎쓴다. 필사적이다. 세상이라고 하는 거친 물살을 "거슬러" 올라간다. 물살은 거칠고 "빠르"다. 그러나 엄마는 겁먹지 않는다. 오로지 '자식'이라고 하는 원초적 신념이 있기 때문이다.

"비릿한" 젖냄새는 '고향'이라는 단어를 동반한다. '엄마', '젖', '고향'은 아날로그이다. 빠르지 않다. '느림'이다. 상대를 치고 올라가야 하는 세상의 빠른 물줄기에서, 잠시 멈추어 서 있는 일이다. 길가에 쪼그리고 앉아 들꽃과 눈 맞추는 일이다. 그리고 끓는 물에 젖병을 소독하고, 눈금을 들여다보는 대신, 아기의 눈을 보며 젖을 물리는 일이다.

권옥란 시인의 시에는 고향이 있다. 나무가 있고, 나무 그늘 아래 쉬고 있는 아낙네가 있다. 시인의 시 속 고향은 한가롭다. 꽃이 만발한, 화려한 정원이 있거나, 나무가 빽빽하여, 길을 잃어버릴 난처한 숲이 있지 않다. 바쁜 숨소리도 들리지 않는다. 그래서 권옥란 시 속 사람들은 시선을 위로 두지 않는다. 어른이, 사랑스러운 어린 아이를 바라보듯 아래를 향하고 있다. '느림'이다.

— 초략—

엄마는 말씀하신다
1분만 천천히 가라
양보하는 게 네게 복이야

―중략―

엄마는 말씀하신다

사람이 복이다

타인에게 함부로 하지 마라

엄마는

삶으로

그렇게 말씀하신다

—〈엄마 가라사대〉부분

 21세기를 살고있는 하는 우리에게 엄마는 천천히 가라고 말씀하신다. 뛰어가도 모자랄 판에 앉아서 잠시 숨을 고르라고 하신다. IT산업도 뭣도 다른 나라보다 우리가 먼저 해야 하고, 남보다 내가 더 빨리 달려야 인정받고 살아남을 수 있는데, 천천히 가라고 하신다. 왜일까? 급하게 가면 "사람"이 안보이기 때문이다.

 내가 교정시설 문학 강의를 하던 중, '실수'라고 하는 주제를 준 적이 있다. 그 때 몇 명의 수형자 중 한 명이, '앞만 보고 달려온 것'이 '실수'라고 적어놓은 것이 있었다. 나는 그 수형자에게, 앞만 보고 달려온 것이 왜 실수냐고 물으니, 보아야 할, 많은 것들을 보지 못하고 온 것이 한이 된다고 하였다. 옆지기 가슴의 벌건 상처를 보지 못했고, 고개 숙인 딸의 절망을 보지 못했다고 했다. 명예와 돈, 자리에 급급하여, 사람을 보지 못한 것이다. 사람을 소홀히 한 것이다.

    스스로 노래하는 갈대가 사는 연못에는 물에 빠진 해가 오리와 숨바꼭질 한다 숯기 없는 까치 풍덩 소리도 없이 날아가 나무 위에 거꾸로 서서 노래하고 연못 속에 잠긴 플라타너스 거꾸로 보는 세상이 좋은지 옷 벗으며 즐거운 듯 웃는다

    연못 속
    청년 아파트 현장 철재 빔은 아다지오로 돌고 돈다
    철커덩
    뚝딱
    뚝

    연못 속에는 거꾸로 선 사람들로 가득하다
    철커덩
    뚝딱
    뚝

    갈대는 나무가 되고 싶어 밤새 노래하려나 보다
    스스스 스스
    철커덩
    뚝
    딱

연못 속에는 철재 빔이 있고 사람들은 거꾸로 서서
달린다.
그들의 꿈도 거꾸로 매달려 달린다

판도라 상자 속에서 들리는 웃음소리
별이 떴다,
진다
　　　　　　　　—〈연못 속 판도라 상자〉 전문

  화자는 연못 속을 들여다본다. 모든 것이 거꾸로 서 있다. 하늘에 있어야할 해도, 나무도, 철재 빔도, 사람들도 모두 연못 속에 거꾸로 서 있다.
  시인은 "연못"이라고 하는 '거울'을 통하여, 세상의 내면을 들여다본다. 표면적으로 드러나지 않은 심층적 세계를 "연못"이라는 매개체를 통하여, 바로 서 있지 못하는 것들에 대하여, 정상의 궤도를 벗어나는 것들에 대하여 말하고 싶은 것이다.
  연못 속에는 철재 빔이 거꾸로 서서 돌고 있다. 부수고 쌓는 형태이다. 처음엔 "아다지오"로 천천히, 그 다음엔 속도가 붙는다. 점점 빨라진다.

　—초략—
　철커덩

뚝딱
　　뚝

　─중략─
　　철커덩
　　뚝딱
　　뚝

　─중략─
　　철커덩
　　뚝
　　딱

　시인은 여기서, 가속화 되는 속도를, 의성어를 통하여 알려준다. 의성어의 행을 달리 하고, 의성어의 음절에 변화를 주어, 그 속도의 빠름을 보여준다. 삽시간에 세상이 바뀌고 있음을 알려준다.

　사실, 시인은 가속화 되어가는 세상이 싫은 것이 아니다. 가속이 '사람'을 다치게 하고, 상처 주는 그것이 싫은 것이다. 사람은 안 보이고, 목표와 욕심만 보이는 것이, 고향은 없고, 도시만 존재하는 것이 아픈 것이다.

　그러나 시인의 가슴은 따뜻하여 그것으로 끝내지 않았다. 1연 3행의 '옷 벗는 나무'를 가져와 푸른 미래를 심어 놓은 것이다.

플라타너스가 옷을 벗는다는 의미는 봄을 마련해 놓는 행위이다. 그래서 결구의 "판도라 상자 속에서"는 결국 "웃음소리"가 들리는 것이다. 그리고 별이 뜨는 것이 아니라, "진다"로 마감한 것은, 밤이 아닌 아침을 불러오는 것이다.

녀석이 복숭아를 보내왔다

—중략—
아버지는 밝으신 분이셨다 늘 주변 사람들에게 웃음 주고 아버지가 있는 곳은 무지갯빛 미소와 기쁨이 파도처럼 일렁거리곤 했다, 여동생이 많았던 아버지는 상대방을 늘 살뜰히 살피며 섬겼다 그런 아버지를 일컬어 바람둥이라고도 했다

그 소리가 싫었다

아버지는 복숭아를 다루듯
흠집이라도 생기면 안 되지
혹 상처 주진 않을까
조심조심하며 상대방을 살피며 배려했을 뿐이었다

동생이 보내온 복숭아
고운 속지로 여러 겹 싸여
다소곳하다

예쁜 접시 준비하고
　　행여나 다칠세라 살살 씻으며
　　아버지를 만나고 동생을 느낀다
　　―후략―

　　　　　　―〈시가 된 복숭아〉부분

　권옥란 시인에게 복숭아는 참 특별하다. 복숭아 속에는, 돌아가신 아버지가 들어있고, 유년이 들어있기 때문이다.

　아버지는 유난히 복숭아를 좋아하셨다. 복숭아를 대할 때는 어린 아이를 대하듯 살살 다루셨다. 쉬 깨지고 물러지는 속성 때문이리라. 그렇게 아버지는 사람들을 대할 때도 "복숭아를 다루듯" "흠집이라도 생기면 안 되지/혹 상처 주진 않을까/조심조심하며 상대방을 살피며 배려했을 뿐"인데, 사람들은 그런 아버지를 '바람둥이'라고 한 것이다.

　어린 화자는 "그 소리가 싫었다".

　강렬하다. 화자는 "그 소리가 싫었다"를 단, 한 행으로, 한 연을 만들었다. 구구한 변명이나 설명을 덧붙이지 않았다. 오로지 그 소리가 듣기 싫은 것이다.

　세월이 흐르고, 아버지 가시고, 시인은 아버지를 그리워하게 된다.

　　누우런 고깔 면사포 쓰고
　　요리 살짝 조리 살짝 설익은 얼굴로

쨍쨍하게 젊은 햇살 훔쳐보다
발그레해진 얼굴

이쁘다
어여쁘다
볼이라도 만져 돌라치면

아직은
어설픈 엉덩이 요염한 양 내밀고
물컹한 단내 풍기며 슬쩍 엿보는
복숭아

요염한 저 엉덩이
꽉
물어줄까
장호원 복숭아

— 〈꽉 물어줄까〉 전문

   그 후 시인은 복숭아를 볼 때마다 사랑스럽다. "이쁘다/어여쁘다". 오히려 "요염한"이라는 과감한 표현도 피하지 않는다. 유년의 "싫은" 기억이 완전히 해소되었음을 말해주고 있다. "요염한 저 엉덩이/꽉/물어주고 싶은", 해소를 넘어 있음을 알려주는 대목이다.

물드는 것이 어디 너 뿐이냐
익어가는 것 또한 너 뿐이랴
가을아
어느새 우리 딸아이도
물들기 시작했다.

홍색 자색
펴
가는 세월
자기가 꽃인지 모르는 아이

꽃봉오리 바람에 흔들릴 때마다
비꺽이며 운다.
언제 자라 예쁜 계절이 되누

찬 서리에도 춤추며
예쁘게
석류처럼 익어가라.

이제 그만 떠나보내라고
자꾸
물드는 계절

—〈딸〉전문

앞의 〈비릿한 당신〉에서는 시인의 어머니를 말했다면, 〈딸〉에서는 화자 자신이 "비릿한 당신"이다.

시인의 어머니가 "한 세계를 낳"고, "지느러미를 접"은 것처럼, 딸의 새 세계를 위하여, 딸을 안았던 지느러미를 접어야 할 때가 온 것이다. "가을"이 "익어가"고 있기 때문이다. 딸이 "익어가"고 있기 때문이다. 세월이 자꾸 "홍색 자색"을 펴가고 있기 때문이다.

"언제 자라 예쁜 계절이 되누" 했지만, 그런데 계절은 다 익었다고 "이제 그만 떠나보내라고" 한다. 그러면서 머뭇거리는 화자 앞에서 계절은 "자꾸/물드는" 것이다.

이제 놓아야 할 때가 됐다. 화자의 눈에 딸은, 어느 순간 활짝 핀 꽃이다. 화자는 말하고 싶다. "알지? 네가 이제 세계의 중심이야." "네가 꽃이야."

화자는, 화자의 어머니가 그랬듯, 화자가 그랬듯, 딸도 이제 스스로 세상의 거칠고 빠른 물살을 헤쳐 나가야 한다. 그래서 당당하게 목적지에 도착하기를 바라는 것이다. 그래서, 엄마의 엄마가 그랬듯, 또 엄마가 그랬듯, 딸도 거슬러 올라가는 것이 때로 아플지라도, 힘들지라도, 당당히 헤엄쳐 가기를 바라는 것이다.

실제로 권옥란 시인의 딸은, 내년 4월에 결혼한다고 한다. 내가 해설을 쓰고 있는 지금이 2020년 12월 25일이니, 아마 이 시집이 출간할 때쯤이 아닐까 싶다.

어머니의 시집이 출간할 때쯤 딸은 시집을 간다. 후덕한 어머니를 보고 자랐으니, 딸 또한 훌륭한 어머니가 될 것으로 믿는다.
 그리하여 엄마의 시詩밭에 핀 꽃들처럼, 예쁘고 아름다운 밭을 가꿀 것으로 믿는다.
 나는 이번에는 특별히, 따스한 고향의 언덕을 손수 몸속에 품고 있는, 세상의 모든 어머니들에게 박수를 보내며, 권옥란 시인의 《연못 속 판도라 상자》 시집 해설을 마치려 한다. 고맙고 감사하다.

계간문예시인선 **163**

권옥란 시집 _ 연못 속 판도라 상자

초판 인쇄 2021년 3월 20일
초판 발행 2021년 3월 25일

지 은 이 권옥란
회   장 서정환
발 행 인 정종명
편집주간 차윤옥

펴낸곳 도서출판 **계간문예**
편집부 03132 서울 종로구 삼일대로 30길 21 종로오피스텔 1209호
주소 03132 서울 종로구 삼일대로 32길 36 운현신화타워 305호
전화 02-3675-5633 팩스 02-766-4052
인쇄 54991 전북 전주시 완산구 공북1길 16, 신아출판사
이메일 munin5633@naver.com
등록 2005년 3월 9일 제300-2005-34호
ISBN 978-89-6554-236-0 04810
ISBN 978-89-6554-118-9 (세트)

값 10,000원

잘못 만들어진 책은 바꾸어 드립니다.